Louis-Mathieu ROUVILLE

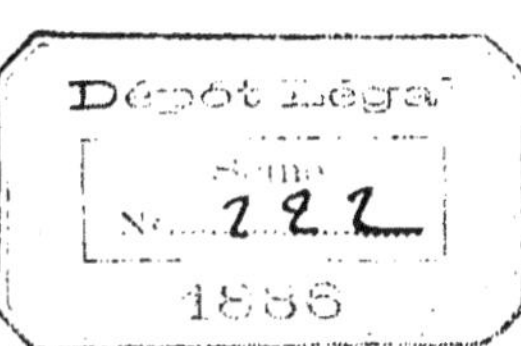

Le doyen des pasteurs de l'Église réformée de Paris a cessé de vivre le vendredi 4 décembre 1885.

Ses obsèques ont eu lieu le lundi 7 décembre, à neuf heures. Le président du Consistoire, les représentants de l'Église, les membres du conseil des Sociétés dont il faisait partie, plusieurs délégués de l'Administration pénitentiaire et de nombreux amis se sont mis en marche après une prière prononcée à la maison, 23, rue de Lille, et ont accompagné la famille à l'Oratoire du Louvre où le service religieux devait être célébré.

Les pasteurs en robe attendaient le cortège à la porte du temple. Ils ont entouré le cercueil de leur regretté collègue, et le service a aussitôt commencé, en présence d'un grand concours de fidèles.

M. Viguié, pasteur et professeur à la Faculté de théologie protestante de Paris, a occupé d'abord la chaire. Il a demandé à Dieu, dans une fervente prière, ses consolations pour la famille, pour l'Église, pour les pasteurs, en même temps éprouvés et affligés.

M. le pasteur Arboux, appelé depuis treize ans auprès de M. Rouville comme aumônier-suppléant des prisons, a pris ensuite la parole.

Il a lu la Sainte-Écriture dans l'Évangile selon saint Matthieu, chapitre xxv, versets 31 à 40.

Après cette lecture, il a retracé la longue carrière du pasteur en ces mots :

CHRÉTIENS, MES FRÈRES EN NOTRE-SEIGNEUR JÉSUS-CHRIST.

Un chef de famille, un époux, un père, un ami cher, un pasteur, un chrétien dont le sentier, pour parler avec la Bible, est environné de lumière, ne peut être séparé par la mort de ceux qui ont eu le bonheur de vivre auprès de lui, sans laisser à tous les plus vifs, les plus profonds et les plus sincères regrets.

Mais il y a plus ici.

On se sent tout pénétré de douleur et de respect, en pensant à cette longue et si utile carrière, à ce demi-siècle entièrement consacré à l'Évangile.

L'Église réformée de Paris perd aujourd'hui le plus ancien de ses pasteurs, celui qui avait conservé les plus lointains souvenirs, celui qui avait connu le plus grand nombre de ses hommes éminents. Il était en même temps d'autrefois et d'aujourd'hui : d'autrefois, par la fermeté de ses convictions et la simplicité de sa vie ; d'aujourd'hui, par son activité étonnante et son esprit ouvert à tous les progrès.

Né à Nîmes, en 1811, M. Louis-Mathieu Rouville eut le bonheur de se trouver placé, on pourrait presque dire dès l'enfance, auprès d'un grand chrétien, auprès de Samuel Vincent. Pour aimer son futur ministère, pour sentir naître et se développer en lui la vocation, il n'eut qu'à observer autour de lui, qu'à regarder vivre celui qui l'avait initié à la vie spirituelle. Il a eu la profonde satisfaction, depuis ce temps-là, et il aimait à le rappeler, de se trouver allié, par un récent mariage au sein de la famille, aux descendants de celui qui avait été son premier guide.

Après un court séjour à Paris, en 1838, après deux années passées comme pasteur dans l'église d'Alais, il fut appelé définitivement à desservir la paroisse de Batignolles que l'on venait de créer. Bientôt uni à celle qui devait être la fidèle compagne de sa vie, père de famille, prédicateur écouté, admis comme collaborateur au *Lien*, il répondit pleinement, en servant Dieu dans son église, à l'attente de ceux de ses coreligionnaires qui l'avaient distingué et fait venir. Pasteur à Sainte-Marie, où l'on s'efforçait, vers la même époque, de réunir les nombreux protestants du faubourg Saint-Antoine, prêchant à son tour déjà, comme suffragant, dans cette chaire de l'Oratoire où il devait si souvent instruire et exhorter les fidèles, aumônier des Prisons, aumônier de l'hospice Devillas à Issy et de la maison de retraite des Petits-Ménages, il n'a jamais cessé, presque jusqu'à sa mort, de combattre le bon combat et de se consacrer tout entier à l'avancement du règne de Dieu.

Le Père céleste bénit ceux qui le servent avec foi. Il a répandu sur son serviteur, soit dans la famille, soit dans l'exercice du saint ministère, d'abondantes bénédictions, et voici en effet, Messieurs, quelques-uns des enseignements et des exemples que ce regretté pasteur nous laisse.

Sincérité absolue dans sa foi et dans sa parole.

Chez lui, point d'artifice, point de petites habiletés. Il était de ceux dont on peut dire « que leur oui est oui, et leur non, non, tout ce qu'on dit de plus venant du malin » (1).

Connaissez-vous quelque vertu plus justement appréciée? En connaissez-vous une plus chrétienne et plus estimable?

Comme il vivait sa foi, il n'était pas de ceux qui s'efforcent de faire porter aux autres des fardeaux qu'eux-mêmes ne toucheraient pas du bout du doigt (2). Cette foi était simple, et il respectait si bien ceux qu'il avait à diriger ou à instruire, qu'il ne s'est jamais abaissé jusqu'à paraître accepter, en empruntant des formules toutes faites, ce que réellement il n'admettait pas.

Il s'oubliait lui-même, et, véritable messager de la bonne

---

(1) Saint Matthieu, V, 37.

(2) Un simple rapprochement prouve que telle a toujours été la pensée, la ferme volonté du pasteur lui-même. Il s'exprimait dans son discours d'installation à Alais, retrouvé après sa mort, en termes presque identiques : « Loin de nous ce docteur fanatique qui semble se plaire à lancer des condamnations et des anathèmes; dont le visage sévère inspire partout la terreur ; à qui la plupart des hommes apparaissent comme une proie dévouée à Satan ; et qui, souvent, impose des fardeaux qu'il ne saurait remuer du bout du doigt. Que j'aime bien mieux ce pasteur qui, doux et humble de cœur comme son maître, et se souvenant qu'il est faible et pécheur comme ses frères, n'a le plus souvent sur les lèvres que des paroles de paix, de pardon et de miséricorde ! »

nouvelle, ne pensait qu'à l'enseignement divin qu'il voulait répandre.

Il a été, comme le pasteur doit l'être, et l'on peut le dire sans crainte, « un témoin », un témoin de l'Évangile et de la vérité.

Saisissant avec empressement toute occasion de s'éclairer en instruisant les autres, comme l'apôtre il n'avait point honte de l'Évangile de Christ. Il n'a jamais renié son maître devant les hommes. Il parlait à tous de même, aux catéchumènes comme aux fidèles plus âgés, à ceux qui lui demandaient un entretien particulier comme aux amis qu'il recevait dans sa demeure. Avec ceux-ci, sans aigreur, dans la paix du foyer, il était heureux de se livrer à quelque intéressante et curieuse controverse.

Ah! qu'on aime à rencontrer cette sincérité parfaite ! C'est une telle foi qui sert à augmenter la nôtre, parce qu'elle jaillit sans effort d'une source où l'on sent que rien n'est impur ni troublé. Honneur, honneur à ceux qui ont toujours un plus grand souci de la vérité que de leur avancement dans le monde ! L'un de nos plus vieux moralistes a dit de l'homme en général : « Sortant de sa maison, ce n'est » plus luy, c'est tout un autre, et vous ne le connaîtriez » pas (1). » Si droit et si consciencieux, nul de ceux qui l'ont connu n'eût osé parler ainsi de notre regretté frère.

Comme il est vrai, Messieurs, que toute la religion, et la religion chrétienne, peut se résumer en un double amour, pour Dieu, pour le prochain, il est vrai de même que M. Rouville avait au plus haut degré cette religion du cœur.

---

(1) Charron, *Traité de la Sagesse.*

C'était, chez lui, bien plus qu'une simple inclination naturelle, un instinct, une passion.

Il appartenait à cette génération dont les représentants deviennent, hélas! de plus en plus rares parmi nous, à cette génération forte, éclairée, pieuse, qui sut bien réellement adorer Dieu dans son œuvre où sa sagesse, sa puissance éternelle, a écrit l'apôtre, se voient comme à l'œil depuis la création du monde. Il voyait, pour lui, sans obscurité, la Providence agissant au milieu de nous. On pensait, après l'avoir écouté, à la fin du dernier siècle, à Bernardin de Saint-Pierre et aux *Harmonies de la Nature*.

Aux champs, il vous arrêtait pour une réflexion, pour une pensée, sur la bonté de Dieu, sur ces produits du sol, sur ces fleurs, sur ces oiseaux dont notre divin maître aussi a parlé dans son sermon sur la montagne. Parce que son âme était naturellement religieuse, chez lui l'adoration et la prière étaient naturelles.

Il avait pareillement la philanthropie des hommes de cette époque-là ; et, bien plus qu'une vague philanthropie, un sentiment profond, un cœur vraiment pénétré, la chaleur toute chrétienne de la charité.

Il ne donnait jamais la bénédiction nuptiale à de jeunes époux sans éprouver la plus douce émotion.

Il a goûté lui-même, ainsi qu'il le disait, ses meilleures et ses plus durables jouissances au sein de cette famille où naissaient déjà ses arrière-petits-enfants. Il aimait les enfants, et comme tous ceux qui les aiment, il se trouvait avec bonheur au milieu d'eux et savait leur parler. Au foyer, parmi les siens, et, plus tard, dans la maison de chacun d'eux, c'était toujours la paix qu'il conseillait et les paroles d'union qu'il faisait entendre. Il leur laisse, en ce jour, comme la meilleure part d'héritage, un puissant esprit de famille.

Tolérant, toujours prêt aux concessions, il ne se montrait intraitable que sur un sujet : la guerre. N'est-ce pas la vraie sagesse, Messieurs, et les souverains, les peuples, si l'on veut admettre une excuse, n'ont-ils pas toujours des prétextes pour justifier, en les expliquant, les plus injustifiables et les plus brutales agressions? Lorsqu'il rappelait, en parlant des guerres du commencement de ce siècle, qu'elles avaient fait périr plusieurs millions d'hommes, il ne pouvait contenir une généreuse indignation et il signalait tout conquérant comme un ennemi, comme l'un des pires fléaux au sein de notre humanité.

Il devait un jour se trouver lui-même, désarmé, mais non pas impuissant, vous allez le voir, au milieu d'autres combattants, ou plutôt, s'il faut leur donner le vrai nom qu'ils méritent, de ces incendiaires qu'on vit avec effroi se répandre dans Paris durant les derniers jours de la Commune. On voulait brûler sa maison. On s'approchait déjà pour déposer au pied, verser de tout côté, la matière inflammable et commencer la sinistre besogne. Il n'était pas absent. Il n'avait pas fui. Il était là : à l'honneur, au péril. Et alors, dans cette rue de Lille que nous avons tous vue à demi consumée après ces jours funestes, il attendit d'abord, puis il descendit, il lutta contre ces forcenés. Comment? Par la parole, par la persuasion. Il dit : « Suis-je votre ennemi, moi, pasteur et disciple fidèle de Jésus-Christ? Vous parlez d'égalité mise en oubli, de fraternité méconnue. Mais la fraternité, la charité, c'est la pensée, c'est l'inspiration de toute ma vie ; et j'ai pour mission spéciale de donner en même temps le conseil et l'aumône aux prisonniers. »

Il sut les étonner, les émouvoir. Ils s'arrêtèrent interdits en entendant cette parole d'un honnête homme. Ainsi, dit celui des membres de l'Académie française qui a rapporté le fait dans son livre bien connu, les *Convulsions de Paris* (1), le

---

(1) Maxime Du Camp : Tome II, p. 140.

pasteur Rouville se montra très courageux, très éloquent, digne fils des vieux protestants des Cévennes.

C'étaient ses seules indignations, ses seules colères. Dans l'intimité, bien qu'il eût beaucoup de sensibilité secrète — chose rare ! sans susceptibilité, — il se montrait toujours, comme sait le faire la vraie charité, modeste, indulgent; si modeste qu'il oubliait seul les services rendus par lui; si indulgent qu'il savait parler sans emportement, et même avec éloges, de ses adversaires.

Mais il était avant tout, et pour tous, depuis vingt-cinq ans, *l'aumônier des prisons.*

On connaît mal, Messieurs, les difficiles et si souvent pénibles devoirs de l'aumônier.

Il ne suffit pas d'exhorter quelques prisonniers, dans leur cellule, en divers lieux. Il y a là une tâche particulière, un ensemble de travaux et d'efforts.

Il ne suffit pas de donner à l'œuvre une pensée de temps en temps. Il faut se donner soi-même, et consacrer sa vie.

Il faut que l'aumônier soit presque toujours présent, très actif, très attentif à sa mission. Il peut, par sa seule présence, soustraire les détenus à la brutalité d'agents subalternes.

Il entend les plaintes des infortunés, et il rappelle que si les règlements d'administration doivent être respectés, dans certains états de maladie et de souffrance l'humanité a des droits supérieurs.

Il représente l'Église, notre Église, dans ces grands établissements pénitentiaires vers lesquels, à la suite de discussions récentes au sein de nos Assemblées et de lois nouvelles, se tournent aujourd'hui tous les regards.

Il entre en relations avec les familles, ou il correspond avec elles.

Il demande à propos la grâce du criminel qui s'est repenti et il l'arrache aux pernicieux conseils, au dangereux contact, à la funeste influence de la prison commune.

Il l'encourage mourant, et il l'exhorte au repentir au moment où Dieu l'appelle à comparaître devant lui.

M. Rouville a fait tout cela.

Pendant ce quart de siècle, on l'a vu sans cesse dans les prisons de Paris, où il était connu, estimé, aimé de tous. Comme il n'avait point l'enthousiasme de ceux qui débutent dans ces difficiles fonctions, il n'avait pas non plus leurs prompts et faciles découragements.

Il n'éprouvait aucune appréhension, aucune crainte, lorsque ces prisonniers, souvent dangereux, venaient à lui dans sa demeure après leur libération. Sa porte était toujours ouverte; et bien qu'il eût une généreuse souscription pour toutes nos œuvres, bien qu'il distribuât à plusieurs de ceux qui avaient pris l'indiscrète habitude de s'adresser à lui des secours devenus réguliers et transformés en véritables pensions, les libérés qui avaient fait appel à sa charité ne s'en allaient pas les mains vides.

Cette charité trouvait toujours quelque nouvelle occasion de s'exercer et ne se lassait point. On regrettait parfois qu'il y eût chez lui comme une étape entre la prison ou l'hôpital et l'asile de nuit. Mais il ne se plaignait pas, pour sa part. Il répondait : « Laissez; ils sont si malheureux! Jésus-Christ, notre maître, est venu pour chercher et sauver ce qui était perdu. Pouvons-nous oublier qu'il a dit : Ceux qui sont en santé n'ont pas besoin de médecin, mais, au contraire, ceux qui se portent mal? »

L'activité, Messieurs, était enfin, comme il convient aux bons serviteurs de l'Évangile, son trait caractéristique et sa qualité maîtresse.

Il a contribué à la création de deux de nos plus grandes paroisses actuelles, Batignolles et Sainte-Marie.

Il n'était pas de ceux qui ont trouvé l'Église de Paris toute faite, si l'on peut dire, et déjà florissante. Il a contribué à l'établir et à l'étendre.

Il a, jusqu'aux derniers mois de sa vie, instruit, baptisé, prêché (1), marié, conduit au champ du repos les convois de nos frères.

Au temps de sa maturité, lorsque le choléra faisait à Paris de trop nombreuses victimes, il est resté durant de longues heures auprès de ceux que la mort avait déjà frappés, attendant, exposé à toutes les contagions mauvaises, les agents des pompes funèbres qui ne pouvaient suffire à leur tâche. Il a été appelé à se rendre jusqu'à onze fois au cimetière en une seule semaine (2).

---

(1) Pour donner à ceux que la parole de M. Rouville instruisait et édifiait une importante publication, il suffirait de rassembler en un seul ouvrage ses sermons imprimés : *le Dévouement du pasteur*; *l'Épître à Philémon* (1840); *Deux discours sur le prosélytisme* (1846); *Lydie ou la femme chrétienne* (1856); *la Grandeur selon le Seigneur*; *la Vie et la Mort en Christ* (1859); *Saint Paul accusé de ne pas être chrétien* (1866); *Tu ne tueras point* (1870); *les Causes de la misère*, etc., etc.

(2) Il a toujours compris ainsi sa tâche, et voici ce qu'il avait déjà écrit sur ce sujet dans son sermon sur *le Dévouement du pasteur* : « Voyez-le auprès de ce malade dont il presse la main livide et glacée, dont il respire l'haleine contagieuse, et auquel il ne fait quelque bien, au péril de ses jours, qu'à force de lui témoigner de l'intérêt et de l'abandon. Voyez-le, quand la famine ou la peste vient frapper tout un peuple; lorsque l'égoïsme se montre dans toute sa nudité; lorsque tous les hommes s'évitent, se fuient et que les liens les plus sacrés se dénouent, lui seul, avec tout le courage de la charité chrétienne, brave le fléau et meurt en prodiguant des secours à ses frères délaissés. »

Pendant la guerre, il a donné aux condamnés à mort de la juridiction militaire la dernière étreinte et le baiser de l'adieu !

Ce n'est pas tout encore.

Si dévoué, si fort, si actif, il se faisait un devoir de prêter son concours empressé à toutes les œuvres chrétiennes de bienfaisance, de relèvement et de progrès, et il donnait partout le trop rare exemple de l'assiduité, en même temps que d'une parfaite exactitude.

Vice-président de la Société Biblique protestante de Paris ; vice-président de la Société de prévoyance et de secours mutuels ; secrétaire du Sou protestant ; membre de notre Patronage des libérés, de la Société générale des Prisons, du Conseil de l'OEuvre des Libérées de Saint-Lazare depuis sa fondation, de la Société de Tempérance qui lui semblait de plus en plus nécessaire, certains vices faisant chaque jour parmi les ouvriers de visibles progrès, il s'était encore associé, il y a deux ans à peine, à la Protection de l'Enfance abandonnée ou coupable.

Mais il faut réserver, mettre à part comme son œuvre propre, ces *Écoles protestantes du boulevard d'Italie* qui avaient, depuis vingt ans, une si large place dans ses préoccupations. C'était, chaque année, un nouveau don, avec l'approbation et le concours du généreux fondateur de ces écoles, le don précieux de vêtements et d'objets indispensables dans ces quartiers où chacun est pauvre, lorsque les premiers froids de l'hiver se faisaient sentir. La mort l'a arrêté au moment où il s'occupait de préparer la fête prochaine de l'arbre de Noël. Il ne se bornait pas à secourir ces enfants, il voulait encore les arracher au vice, à la misère, aux mauvais exemples. Il les préparait à la première communion pour les donner à l'Église et à Dieu. S'il est vrai, Messieurs, comme on le dit souvent, que l'homme qui a pu rendre un service ou faire du bien n'a pas perdu sa journée, il est certain que le vénéré pasteur Rouville perdait un bien petit nombre de ses journées. Pourquoi? Parce qu'il avait au plus haut degré la charité qui sait agir. D'autres comparent des systèmes, distinguent entre l'abandon moral et matériel, remplissent les journaux avec bruit du récit de leurs efforts ou de leurs projets. Le bien fait peu de bruit, le bruit fait peu de bien. M. Rouville le savait. On peut dire de lui qu'il faisait beaucoup de bien et peu de bruit.

On l'a senti. On se l'est rappelé en ce jour ; et nous voyons ici, autour de nous, autour de tous les siens en ce triste moment, des enfants qui sont comme le vivant témoignage de son activité charitable.

Il avait beaucoup reçu, mais il n'a pas enfoui le don de Dieu, le talent qu'il avait eu en partage. Il a été l'un de ces bons et fidèles ouvriers auxquels l'approbation du maître ne saurait manquer.

Messieurs, on parle en tous lieux, de nos jours, et l'on abuse, de ce *combat pour la vie*, si peu chrétien à tant d'égards, grâce auquel l'égoïsme, l'intrigue, l'ambition, la trop grande habileté, la perfidie, peuvent toujours être excusés et semblent même permis.

Aimons, admirons, regrettons et pleurons ceux qui, tentés par de plus nobles luttes et des succès meilleurs, combattent non contre leurs semblables et leurs frères, mais pour eux; ceux qui servent Dieu avec droiture, conscience et simplicité ; ceux qui choisissent pour leur lot et leur part ici-bas d'être les amis des malades, des pauvres et des prisonniers ; ceux dont l'âme est toute au créateur et dont le cœur n'a battu que pour l'avancement de son règne.

Vous. bien nombreux ici, qui avez connu notre frère vénéré

dans son intérieur, amis, familiers, habitués de sa bonne, honnête et hospitalière maison, vous qu'il accueillait, qu'il estimait, vous qui avez vu sa bonne grâce, sa sociabilité, son enjouement, dites s'il n'était pas le meilleur des hommes !

Vous qu'il nommait « les siens », enfants et parents si affligés, qui recevez aujourd'hui, du moins, au milieu de votre deuil, la touchante expression de la sympathie et des regrets de cette grande assemblée, dites, lorsqu'il vous dirigeait et vous conseillait, en souci pour chacun du plus âgé jusqu'au plus jeune, s'il n'était pas le meilleur des pères !

Et vous, sa famille spirituelle, baptisés, instruits, mariés, introduits par lui dans l'Église, dites si nous avons exagéré l'hommage que l'on doit au pasteur (1) !

Voilà, non point sa vie, mais quelques traits de son utile existence.

Il a eu, pendant près de soixante-quinze ans, la vigueur des chênes de ce Midi qu'il aimait, et la mort l'a menacé pendant une année avant de l'abattre !

C'est à toutes ces œuvres que ses forces se sont usées. C'est ainsi que la redoutable maladie qui devait l'enlever à notre affection et à notre respect a usé et miné son corps.

C'est la vie du pasteur. Disons-le bien, Messieurs; non pour nous sentir inquiets, attristés ou découragés, mais pour nous affermir dans la foi et dans l'espérance.

Un bon berger donne sa vie pour ses brebis. Nous le savions

---

(1) Tous les journaux religieux, *la Renaissance*, *le Christianisme au XIX* Siècle*, *le Témoignage*, *la Feuille Paroissiale*, etc., se sont associés à l'expression de ces regrets.

par l'Évangile avant de l'apprendre chaque jour par notre propre expérience.

Pour nous soutenir, pour consoler les affligés dans l'épreuve, pour croire toujours et garder la foi, répétons auprès du pasteur arrivé au terme de sa course ici-bas, le seul hommage qui lui eût plu et qu'il eût voulu entendre, la parole de Jésus en ses béatitudes :

« Heureux les débonnaires, car ils hériteront de la terre. »

« Heureux ceux qui procurent la paix, car ils seront appelés enfants de Dieu. »

Et encore, celle de l'écrivain sacré :

« Heureux, dès à présent, ceux qui meurent au Seigneur. Oui, dit l'Esprit, car ils se reposent de leurs travaux et leurs œuvres les suivent. »

M. Louis Vernes, président du Consistoire de l'Église réformée de Paris, le plus ancien pasteur après M. Rouville, a pris ensuite la parole. Il s'est associé à l'hommage que chacun se faisait un devoir de rendre à un collègue dont il avait pu apprécier depuis longtemps les qualités toutes fraternelles. Il a fortement exprimé, en même temps que ses regrets, ceux du Consistoire et de toute l'Église. M. Rouville, a-t-il dit, était aussi exact et consciencieux qu'il était éclairé et dévoué. Il a travaillé sans cesse, et la maladie seule a pu l'empêcher, vers les derniers mois de sa vie, de se rendre aux prisons où l'appelait son devoir de pasteur. Il se faisait respecter, écouter jusque dans la vieillesse, chose remarquable surtout devant de pareils auditeurs et dans un tel milieu. Puis, s'adressant aux pasteurs : « C'est là, Messieurs, a-t-il ajouté, un exemple et un enseignement pour nous tous. Nous assistons aujourd'hui aux obsèques de M. Rouville; bientôt viendra le tour de l'un de nous. Apprenons à compter nos jours, veillons, prions et soyons prêts. »

M. le pasteur Dhombres, après ces discours, a demandé à Dieu sa bénédiction pour l'Église, sa consolation pour les affligés, et son esprit, sa grâce pour tous ceux, pasteurs et fidèles, qu'il instruit et qu'il avertit par ces deuils.

Ainsi s'est terminé par la prière le service à l'Oratoire.

Au Père-Lachaise, à l'entrée de la sépulture de famille, M. le baron Fernand de Schickler a voulu rappeler au nom de toutes les sociétés protestantes quels étaient la charité, le dévouement de M. Rouville. Il a dit en termes émus combien, pour tous leurs membres, cette perte était douloureuse et regrettable. Il l'a salué encore et remercié, au nom de ces pauvres et de ces malades dont il avait été le bienfaiteur.

« Adieu, cher maître, cher ami, a dit, après lui, M. le pasteur Arboux.

« Vous êtes réuni en ce jour à ceux des vôtres qui

étaient déjà remontés vers Dieu, à cette fille chérie que nous venions accompagner en ce lieu, il n'y a pas un an encore. Vous resterez présent, dans notre pensée, dans nos cœurs, au sein de l'Église et de la famille. »

Il a enfin prononcé, en même temps que la bénédiction, ces mots que M. Rouville empruntait dans une pareille circonstance à l'Évangile pour les répéter sur la tombe d'un autre serviteur de Dieu, son collègue et très ancien ami, Montandon : « Cela va bien, bon et fidèle serviteur, entre dans la joie de ton maître. »

PARIS. — IMPRIMERIE CHAIX, 20, RUE BERGÈRE. — 29792-5